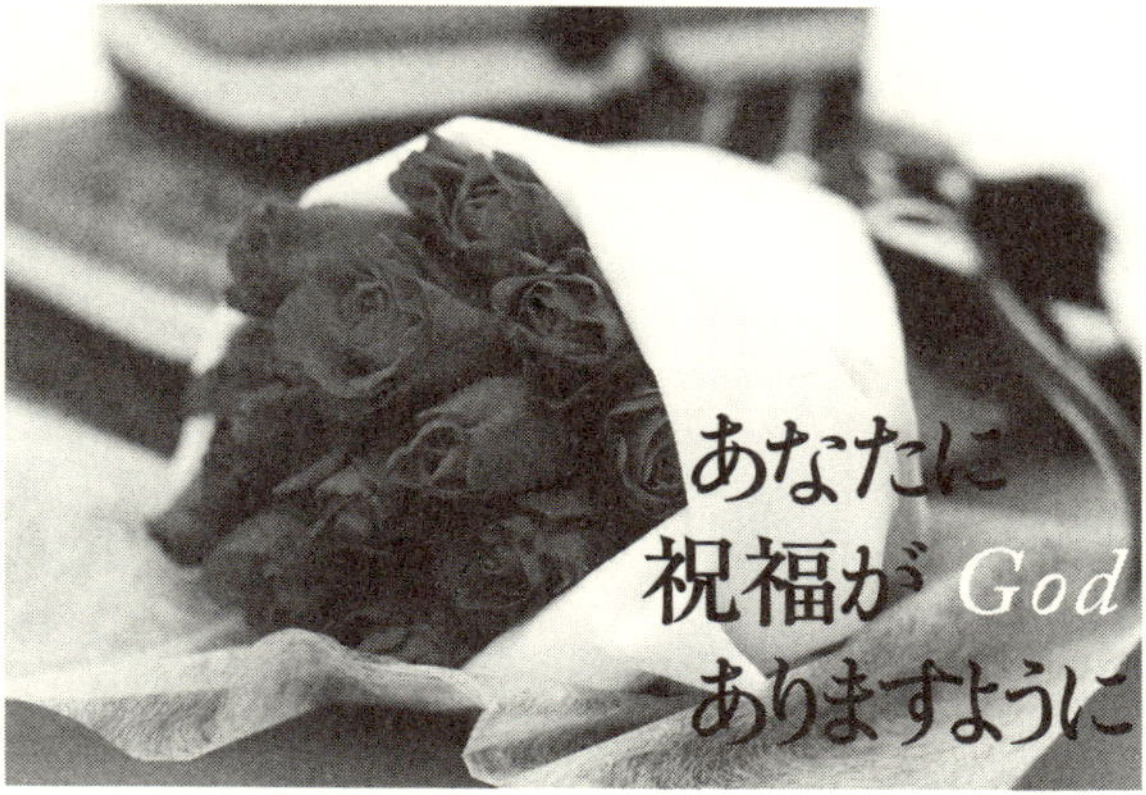

あなたに祝福がありますように

God Bless You

佐藤彰
Sato Akira

あなたに 祝福がありますように

God Bless You

もくじ

contents

はじめに

いつのことでしたか、ある教会の牧師さんの部屋を訪れた際、小さな魚たちが泳ぐ水槽を目にしました。お聞きすると、魚は二年ほど前から飼われており、四日に一回、決まって水槽のふたを開けてえさを与え、二週間に一回は、ため置きしておいた水道水と水の入れ替えをしているとのことでした。

その際、牧師さんは自らその手で丁寧に水槽の底の砂利を洗うそうで、魚のことを「かわいい」ともおっしゃっていました。私はそれを聞いて改めて、こんなに見つめられ、手をかけられ、養われている魚たちは、何と幸せだろうかと思いました。

ところで私はふと、こう考えたのです。果たして養われているこの魚たちは、この事実を知っているのだろうか。魚たちの目に、世界はどう映っているのだろう。もしかしたら、五十センチ四方ほどの水槽が、世界のすべてと思い込んではいないだろうか。水槽の外に、水のない広大な世界が広がっていることを考えたことがあるのだろうか、と。

牧師さんは、お金を払ってえさを買い、一度も忘れることなくそのつど適量のえさを与え、定期的に水槽の水を入れ替え、自ら手をかけて掃除をしていました。その結果、魚たちはこの二年間を生きることができ、これからも生きていけるのです。

　そして、思ったのです。私たちも、もしかしたらこの魚たちのように、胸いっぱいに吸うことができる新鮮な空気や水、朝ごとに東から昇る太陽が、だれの意思でもなく、偶然に機械的に営まれているのだと、思い違いをしていないだろうか、と。

　聖書は、たとえ肉声が聞こえなくても、この目で姿を確かめることができなくても、父なる神がおり、その方がこの世界を創造し、保ち、私たちに必要な一切を備えられることを伝えています。さらに、あたたかなまなざしをもって私たちを見つめ、祝福していることも。

　この本では、フォレストブックス編集部から提示された聖書の箇所を手がかりに、父なる神が注いでおられる「祝福」をテーマに、エッセイ風に綴ってみました。

　聖書には、たぎるような神の熱い思いがぎっしりと詰まっています。そして、それゆえに膨大になったと言えますし、また、長い年月をかけてじっくりと記されたため、旧約聖書から新約聖書にまで長きにわたっていると言えます。そんな聖書全体から、まんべんなく取り上げた聖句をとおし、昔から今日に至るまで変わらない神の愛と、私たちに対する祝福とを受け取っていただけたら、幸いです。

佐藤　彰

神のかたち

神は人をご自身のかたちとして創造された。神のかたちとして彼を創造し、男と女とに彼らを創造された。神は彼らを祝福された。

創世記一章27～28節

わが家に初孫が誕生し、はや二年になります。孫は特別な存在で、かわいいものだと聞いてはいましたが、これほどとは想像できませんでした。それが血のつながりによるものなのか、それともどこか自分と似ているような気がするからなのか。とにかく無条件に愛おしく、比べようもない無二の存在です。

ところで今回の聖書の言葉も、人間はもともと神に似せて造られている、特別な存在であると伝えています。たとえ私たちの側で意識しなくても、父なる神は忘れるはずもなく、私たちに大きな関心を寄せ、愛し、ともに歩みたいと願っておられる、と。

神が私たちを、熱いまなざしで見つめておられる。肉声で聞き取れなくても、日々私たちにエールを送っておられる。そんな父なる神の存在を、聖書は私たちに教えています。

神に似せて造られたというのは、もちろん、顔が似ているとか、神に大きな手足があるということではありません。神のきよい性質や、正しさや愛が、私たち人間にも分け与えられているということです。人間は神の作品であり、神の尊い性質を映し出す特別な存在として、初めから創造されているというのです。

そういえば、昔から人間の住む世界には、義を確立し悪を裁こうとして法が定められ、芸術や文化の分野でも、美しく真実なるものを追求して、深遠な世界が織り成されてきました。人の心の中には、どうやらきよいものに憧れ、義を追求する、神の性質が埋め込まれているようです。

そして何より私たちの内には、だれかを愛し、自分もこよなく愛されたいと願う、愛を強く求める心があります。「人の望むものは、人の変わらぬ愛である」（箴言一九章二二節）とは、そのことを言い当てた聖書の言葉ですが、私たちが愛の方である神に似せて造られた、神の作品であることの裏返しにも見えます。

少なくとも私たちが自分自身や隣人を見る時に、それぞれの中に神の性質を発見し、敬意を払い、互いに大切にし合うことができるとするならば、それはどんなにうるわしい光景でしょう。

一週七日の制度の祝福

神は第七日目を祝福し、この日を聖であるとされた。それは、その日に、神がなさっていたすべての創造のわざを休まれたからである。

創世記2章3節

欧米に、教会が立ち並ぶチャーチストリートと呼ばれる通りがありました。今もありますが、当時は日曜日になると通りの商店街のシャッターが降り、人々は毎週のように足しげく教会へ通いました。

日本はキリスト教国ではありませんので、何ともピンときませんが、しかし私たちも一週間を七日で区切り、六日働いて一日は休むというリズムで暮らしています。今は週休二日が定着していますが、元々欧米の一週間を七日で仕切る生活パターンから、影響を受けました。

実はこの制度、聖書が発信源です。人はのべつまくなしに働くのでなく、一年三六五日を七日の周期で区切り、一日をおいて新たなる一週間に向かうようにと、神が人間の営みの祝福のために定めたと聖書は教えています。

仕事を知恵と集中力を用いて六日でおさめ、労働を終えて後丸一日は、一週間の疲れをいやし、神に感謝をささげ、反省するところは反省し、新鮮な心を持って新たな一週間に向かうようにとの、前向きな仕切りなおしのすすめです。

あくまで人間は人間であり、ロボットではありません。労働の場や生活の場からも一時小休止して、自らを解き放ち、神の前に出て、志を新たにして繰り出す。これが、元来聖書がすすめる安息日の趣旨。教会に集う人々の心です。神の前に立ち、賛美歌を歌い、聖書の言葉を心に受け入れ、祈りをささげる時間は、貴重です。

人生は集中力勝負とも言えます。際限なく人生が続くと思わず、限りある大切な時間を日々精一杯生きる。イエスは「一日の労苦は一日にて足れり」と言いましたが、生活にメリハリをつけ、緩急を織り交ぜながら、意識を集中し、仕事に身を入れる。そして休む時は完全に休息をとる。それを上手に組み立てながら、変化に富んだ、持てる能力を遺憾なく発揮する人生を送るように、神はエールを送っているのです。

いのちの源を知る祝福

神はノアと、その息子たちを祝福して、
彼らに仰せられた。
「生めよ。ふえよ。地に満ちよ。」

創世記9章1節

「子宝に恵まれる」「子どもを授かる」などの表現に、あたたかいものを感じる人もいるのではないでしょうか。逆に、「子どもをつくる」と言われると、少々抵抗を感じるかもしれません。

聖書にあるノアの洪水の記録は有名ですが、世界各地にも大昔に大洪水があったとの記録があるそうです。しかしややもすると、神とは災いをもたらす恐ろしい存在との誤解も生まれそうです。

そこで、聖書の記事をよく読んでみると、そこには一貫した祝福の神が描かれています。今回取り上げた聖書の箇所にも、洪水の後、神は子孫繁栄の新たなる恵みを、人類にもたらされたことが記されています。

そういえば、しばしば地上を襲う天災や、人間が繰り広げる戦争などの人災の後、予想を超えたスピードで、みるみる復興していく人間社会に、目を見張ることがあります。まるで神が創造された人間の身体が持つ、脅威の回復力のように。太平洋戦争後の焼け野原の日本然り、津波や地震の後の、都市の復興然りです。

この世界に与えられた回復力や新たないのちの誕生の背後に、神を感じないでしょうか。聖書は、新しいいのちの営みにあずからせようとする神がおられると語ります。

聖書の中に、「見よ。子どもたちは主の賜物、胎の実は報酬である」（詩篇一二七篇三節）との言葉があります。神が賜る子どもの祝福は、たとえて言うと、兵士が矢筒を矢でいっぱいに満たしているようだと、この後解説は続きます。この箇所から、「満矢」と命名した人がいると聞きました。昨今のニュースでは、産みの苦しみをしたはずのわが子を虐待したり、逆に子が親を殺《あや》めるといった心痛むニュースを耳にします。

いのちの原点に返りましょう。いのちはあくまで神からの賜物。親の所有物でもなければ、自分の意思で創造したり、葬ることのできる領域にはないのです。

そもそも、どの赤ちゃんも皆まるまるとして愛くるしく、いかにも愛される対象として生まれてきます。そのように、神が創造したのです。もちろんわが家に時折帰ってくる孫も、赤ちゃんの時からそれぞれの成長段階で、何ともいえない愛くるしさをまきちらしています。

ここで、いのちの営みの神秘に目を留め、人間を超えたところから来る尊厳を再認識し、背後におられる神の存在から源流をたどりませんか。

チャレンジは祝福のさきがけ

主はアブラムに仰せられた。「あなたは、あなたの生まれ故郷、あなたの父の家を出て、わたしが示す地へ行きなさい。そうすれば、（中略）あなたを祝福し、あなたの名を大いなるものとしよう。あなたの名は祝福となる。」

創世記12章1〜2節

アブラハム・リンカーン大統領は、アメリカで最も尊敬されている大統領の一人です。世界中に、ここに取り上げた聖書箇所に登場するアブラハムから名前をもらっている人がいます。

実は聖書の世界では、しばしばそれぞれの人生の途上で、登場人物の名前が変わっています。右の箇所では、まだ「アブラム」と呼ばれていた彼も、人生のある大きな出来事以降、「アブラハム」と改名されました。いずれにしても、彼の人生は幾度か大きな試練と節目を迎え、名が体を表すように、脱皮と自己変革を繰り返しました。

カトリック教会などでは、洗礼を受けるとクリスチャンネームをもらうそうです。確かに、神に出会う前とそれ以降では、大きな変革が生じ、振り返ると人生のターニングポイントとなっているケースが数多く見られます。

聖書の登場人物の中で、漁師をやめてイエスの弟子になったシモンにも、ペテロという新しい名前がつけられました。ペテロとは「岩」の意味で、やがて岩のような人物として用いられるシモンの未来を、予見するようなクリスチャンネームとなりました。

そしてアブラハムは、後々世界中の人々から「信仰の父」と呼ばれて尊敬されていくように、間違いなく改名の時が彼のターニングポイントとなったのです。彼はこの時、「思い切って新しい地に旅立ちなさい」との神からの呼びかけに応答しました。これまで歩んできた場所に身を置くことは心地よく、摩擦や抵抗も少ない楽な生き方だったはずです。新しい地に旅立つ際には、相当の勇気と決断が要ったことでしょう。しかし彼は、勝手知る居場所を離れ、故郷を後にし、不安と恐れの中を旅立ったのです。

神は時として、私たちの手をとり、その先に進むようにと促します。天を仰ぎ、旅立ち、次のステージに進むようにと。たとえ、いくつもの失敗や痛みが伴うとしても。

人生は傷つかないためにあるのではないですから、チャレンジしてみましょう。今、出発しなければ、二度と旅立てないかもしれません。出し惜しみせず、その都度ベストを尽くしてみましょう。私たちを見つめ、行く先々に祝福を用意しておられる神がお待ちです。親鳥がひな鳥に思い切ったジャンプを促し、巣立ちを迫るように、父なる神はしばしば私たちに「そこからのジャンプ」を迫られるのです。

祝福のエール

主があなたを祝福し、あなたを守られ
ますように。
主が御顔をあなたに照らし、あなたを
恵まれますように。
主が御顔をあなたに向け、あなたに平
安を与えられますように。

民数記6章24～26節

この箇所はキリスト教式の結婚式や葬式で、最後の祈りの言葉として用いられる箇所です。まるで胎児がお母さんの羊水の中で抱かれているように、神はあなたを守られる。いのちが育まれて成長するように、人生の旅立ちや巣立ちの節目で祝福し、この先さまざまな出来事にもまれ、うずくまることがあったとしても、天の神が必ずやあなたに恵みをほどこし、平安を与えられますようにとの、祝福を投げかける祈りの言葉です。

また、祝福の神はまどろむことなく、あなたを見守り、いつでも必要とあらば、あなたのところに駆け寄るとの、神からの呼びかけでもあります。

海外に長い間住んでいる人が、こんな話をしておられました。「海外から日本を見ていると、日本人がもう少し自信を持ったらいいのにと思うことがある。能力があり、精一杯努力したはずなのに、どこかいつも自信なげで、おどおどしているように見える」と。どうやら子どもたちを見てその感を強くしたようで、たとえば音楽のコンクールなどで、「自分は失敗するのではないか。きっと失敗する」と言い聞かせているように見える時があるそうです。

大げさかもしれませんが、思い当たる節がないわけではありません。思い上がりや、ひとりよがりな自信過剰をたしなめるのはいいとしても、反面、失敗を恐れず前向きにチャレンジしたり、自分を正しく評価しようという教育が弱いような気もします。自己卑下と謙遜は違うでしょうし、傲慢と健全なセルフイメージは混同してはならないと思います。

何も人より際立っている必要はありません。平凡だからといって、がっかりする必要もありません。それどころか、神が自分を形づくり、人生を導き、それゆえ、そこに十分な尊厳のゆるぎない根拠があります。間違っても、私は呪われているなどと勘違いして、誤ったメッセージを自分や隣人に発信してはなりません。

たとえ行き詰まったとしても、天は常に高くあり、開かれています。そこに座している父なる神が、両手を広げ、大きな祝福のエールを送っておられます。私たちの人生の壁紙を、思い切ってそんな祝福の色合いに張り替えて、再出発をしてはどうでしょうか。

元来右記の聖書の箇所は、神が大祭司アロンを立て、神の名をもって祝福すべしと、地上で祭儀をつかさどる彼に、厳かに命じた場面です。私たちもこの地上の日々の生活において、足を引っ張ったり、ののしったりすることにエネルギーを費やすことを避け、天の神の祝福に準じて、互いに祝福し合い、エールを送りたいものです。

神のまなざしの祝福

あなたを祝福する者は祝福され、
あなたをのろう者はのろわれる。

民数記24章9節

チャールトン・ヘストン主演の「十戒」という映画がありました。当時としては目を見張る特殊撮影がほどこされ、紅海が真っ二つに裂けて、苦しめられたユダヤ人が奴隷の地から脱出するクライマックスが話題となりました。

ちょうどその題材となった聖書箇所の、その後の記録が今回取り上げた場面です。人生はドラマのように、「めでたしめでたし」とはいきません。ドラマと違い、その次の日があり、またあくる日が続きます。人は息する限り、幾多の問題に直面し、乗り越えながら生きていきます。

モーセの十戒の当時、エジプトでの寄留者としての苦しみから解放された彼らではありましたが、その後、約四十年にもわたり、荒野を放浪することになります。そしてその後、彼らは新たな難題に直面します。抜き差しならぬ仲間割れ、他民族からの襲撃、指導者モーセに対するリコール運動にも直面しました。とうとう民族そのものの崩壊の危機にまで至ったのです。映画にまで描かれた、エジプト脱出の大スペクタクルも興ざめです。

今日生きる私たちも、しばしば同じような場面に遭遇します。人生は、生やさしくはありません。男性は社会で七人の敵に囲まれながら、それでもたじろがず、人生をやめにせず、生き抜かなければなりません。生き抜くだけで、たいしたものです。尊敬に値するでしょう。女性は、家をきりもりしながら仕事をこなし、折々の困難に出会いながらも、だれも代わることのできない、母親としてのつとめや主婦業を来る日もまたあくる日も、踏みとどまって全うするでしょう。

神は多勢に無勢の、民族の間を心細く旅するユダヤ人を、どこかの山陰から秘かにだれかが呪うことを許さない方でした。むしろ呪いを祝福に変えてしまったとの記録が、今回の聖書の箇所です。神がこんなささやかな人生の背後にしっかりと立ち、見守っていることを、私たちは知らないかもしれません。そんな神の存在の発見は、しばしば心細さを覚える私たちの人生の旅路の大きな力です。

親はわが子のよちよち歩きが始まると、先々のつまずきを取り除きます。その上で、あたたかく見守るでしょう。たとえ本人が、自分の力で頑張ったと思い込んだとしても。

大きく視野を広げ、背後に神のまなざしを感じましょう。「私は山に向かって目を上げる。私の助けは、どこから来るのだろうか。私の助けは、天地を造られた主から来る」（詩篇一二一篇一～二節）

祝福を受け取る

あなたはすべての国々の民の中で、最も祝福された者となる。

申命記7章14節

日本には、謙譲の美徳を尊ぶ文化があります。それが一因しているからでしょうか、今回取り上げた聖書の言葉のように、「あなたはすべての国々の民の中で、最も祝福された者となる」と語りかけられても、「とんでもない。私はそんな者ではない」と打ち消したい心境になるのではないでしょうか。しかし、神は私たち一人ひとりに向かってストレートに、「あなたは高価で尊い。わたしはあなたを愛している」（イザヤ書四三章四節）と語ります。

旧約聖書の時代、イスラエルの民は苦しみの中から神に向かって呼ばわり、救い出される経験を幾度もしています。ちょうど子が母の胎内に宿り、慈しみをもって出産の準備がなされ、産みの苦しみを経て誕生し、その後は昼夜分かたず添い寝され、見つめられ、愛されて育まれる姿に似ています。苦しい時、悲しい時は共に涙し、喜びをわが事のようにし、親の愛情の温もりの中で、人が育っていくようにです。

神の愛をいっぱいに浴びて生きる。神の力を体験し、そのゆるしを感動をもって受け取る。神が養ってくださることを確信し、安んじて生活する。これらは、私たちの人生を下支えする原動力です。天におられる父なる神は、私たちを絶えず見つめています。のみならず、しばしばうめき、うずくまってしまう私たちを見ていられずに、ついに神自らが人となって、地上の私たちの世界に飛び込んでこられました。それが、イエス・キリストです。これが聖書の中心であり、キリスト教と言われるゆえんです。

実はイエスという名は、当時のポピュラーな名前ですが、キリストは名前を指すのではなく「救い主」を意味します。つまり、イエスは私を愛し、わが人生の道のりを共に歩むために、救い主として来たことを意味する告白です。

聖書を見ると、彼は私たちの悲しみや痛みを共有し、私たちに寄り添い、最期は私たちの罪をその身に負い、十字架にはりつけとなり、身代わりに一切の裁きを受けたと記されています。それゆえに、人間の罪は赦され、憎悪にかきたてられる心の暗闇に終止符を打ち、前向き天国向きに生きる新しい舞台が広がったのだと。

「すべて、疲れた人、重荷を負っている人は、わたしのところに来なさい。わたしがあなたがたを休ませてあげます」（マタイの福音書一一章二八節）は、有名なそのイエス・キリストの招きの言葉です。イエスの懐に飛び込んで、人生の重荷をおろしてみませんか。一人で背負わず、共に担わせてほしいと、彼は願っているのです。

祝福のヒント

あなたがあなたの神、主の御声に聞き従うので、次のすべての祝福があなたに臨み、あなたは祝福される。あなたは、町にあっても祝福され、野にあっても祝福される。あなたの身から生まれる者も、地の産物も、家畜の産むもの、群れのうちの子牛も、群れのうちの雌羊も祝福される。

申命記28章2〜4節

聖書が世界のベストセラーであることは、知られています。その意味するところは今から二〜三千年も前に書かれたにもかかわらず、今なお読み継がれている点。あるいは、四十人ほどの著者たちが、千年を越える歳月をかけて打ち合わせなく記したにもかかわらず、不思議な一貫性がみられること。加えて、今では世界中の言葉に翻訳され、母国語で読めるダントツのロングセラーであり続けていることなどに見られます。人類の歴史から、もしも聖書の存在を抜いてしまったら、世界史や政治、芸術、文化、福祉や教育などの説明が成り立たなくなってしまう、と言う人もいるほどです。

話は変わりますが、先日パソコン上で自分のメールアドレスのパスワードがわからなくなり、開けなくなってしまいました。ところが、やっと思い出したパスワードを入力しても、開けません。人に相談し、あれこれ試しましたが、結局のところ、何のことはない、ある一つの入力操作が抜けていただけでした。それに気づいた後は難なくすべての機能が作動しました。

私たちの人生でも、それぞれの道のりの節目節目で、ステップアップする時に必要なキーがどこかにあるような気がします。そして神は、あまねく万人が手に取ることのできるところに、神からの語りかけとして聖書を頒布するように、人類の歴史に介入し、その中に数多くの人生のかけがえのないヒントとしてのチップを、埋め込まれたようにも見えるのです。

かつて日本銀行総裁を務めた速水優《まさる》さんは、大学生の頃、「人はパンだけで生きるのではなく、神の口から出る一つ一つのことばによる」（マタイの福音書四章四節）とのイエス・キリストの言葉に出会いました。その後、聖書に耳を傾け、人生の大切な局面における舵取りの際のヒントを、聖書からくみ取る生涯に入られました。

そういえば、人気が高いＮＨＫの大河ドラマ「龍馬伝」に、龍馬の同郷のいとこである山本琢磨が登場する場面がありました。彼は、四国の高知から江戸に上り、ひょんなことから盗みのかどで切腹を命じられましたが、龍馬の手で江戸を脱出。その後、東北に北上、さらには北海道の函館へと渡り、そこでロシアから来日したロシア正教のニコライ神父と出会います。当初は攘夷《じょうい》派であったため、外国人への殺意もあったようですが、聖書に出会い、人生の大きな転機を迎えます。

彼はキリスト教の信仰を持ち、刀を置きます。戦いの人生に終止符をうち、日本人最初のロシア正教司祭となり、七十八年の生涯を全うしました。東京は御茶ノ水のニコライ堂を建てた人物の一人としても知られています。

時代や人生の激流の中、聖書は変わらずに私たちのそばで、多くのヒントをたたえながら、見出される日を待っています。

運命に負けない

ヤベツはイスラエルの神に呼ばわって言った。「私を大いに祝福し、私の地境を広げてくださいますように。御手が私とともにあり、わざわいから遠ざけて私が苦しむことのないようにしてくださいますように。」そこで神は彼の願ったことをかなえられた。

歴代誌第一 4章10節

ここに登場するヤベツという人は、分厚い聖書の記述の中で、ほとんど注目されることがありませんでした。悪い言い方をすれば、聖書の主流に彼の立ち位置はありません。けれど、今から約十年ほど前、実はアメリカでブルース・ウィルキンソンという牧師が『ヤベツの祈り』という本を出版、これが全米で爆発的に売れ、日本にも波及しました。その頃、アメリカをたまたま訪れた私は、その本が本屋に山積みにされていたことを覚えています。

そのヤベツという人、実は相当の苦しみの中にいたようです。ヤベツという名が「痛み」「苦しみ」「悲しみ」を表すからです。普通、親が生まれてくる前途あるわが子に、マイナスのイメージを抱かせる名前はつけないでしょう。そこである人は、当時ヤベツの母が夫と死別したのではないかとか、離婚のごたごたの中で彼が生まれたのではないか等、憶測しました。

推測の域を出ませんが、いずれにしてもヤベツの母の人生を覆い尽くす苦しみや悲しみが、彼の背中に重くのしかかっていたことは確かです。きっと少年の頃から、その名前が呼ばれるたびに、母の悲しみやうめきが全身を覆ったことでしょう。

「いいかげんにしてくれ」「私の人生なのだ」と叫び、親の痛みを自分に投影されるうっとうしさを、はねのけたいと思ったに違いありません。けれども、そう割り切れないのが人生です。ただ、彼はだからといってあきらめず、親子の負の連鎖から来る運命をはね返すような祈りを、神にささげました。

「私を大いに祝福し、わざわいから遠ざけて私が苦しむことのないようにしてください」と。すると神は、何ともいえない重苦しさの中でもがき苦しむ彼の祈りを聞き、結果、当時のだれもが認める広大な地所を得たか、あるいは類まれな成功者となったことを想像させる記録が続きます。いずれにしても、当時だれの目にも、ヤベツは逆境をはね返し、神によって豊かに祝福されたと映ったのでした。

聖書は小さい者に目をとめ、普通の人にスポットを当て、どんな人にも可能性が秘められていることを示唆します。ノミは脅威のジャンプ力があるにもかかわらず、天井にふたをして何度か頭をぶつけると、やがてふたを取り除いても、自らそれ以上は飛ばなくなると聞きました。けれども私たちには神がおられ、天はいつも開かれています。「あなたの人生はそこどまりではない」と呼びかける、神がおられるのです。

神の愛の手の中で

主よ。まことに、あなたは正しい者を祝福し、大盾で囲むように愛で彼を囲まれます。

詩篇5篇12節

聖書は人の一生を羊飼いに養われる羊になぞらえています。ここで取り上げた聖書の箇所にも、まるで大盾のような大きな愛で私たちを囲い、守り、導く神がおられることが記されています。ひな鳥が親鳥のつばさの影に身を寄せ、安らぐように、あるいはまた船が荒れ狂う大海での航海の後、母港に戻り、そこでしばし休息した後に、再び航海に繰り出すように、です。

私たち人間は羊と似た特徴があります。聖書の舞台は中東に位置し、わが国のような農耕の民族ではなく、遊牧の歴史の中で育まれました。羊は身近な動物で、羊飼いがそこここで目に入る世界です。

羊と私たち人間との主な共通点は三つあります。一つは、極めて弱い動物だということ。狼の遠吠えが聞こえると、体が震え、夜も眠れなくなり、精神的にも弱っていくことがあるそうです。人間は万物の霊長と言われますが、一人ひとりは弱く、繊細で、もろい面を抱えています。ちょっとした人の言葉にも深く傷つき、うずくまり、バランスを崩し、夜も眠れなくなるということもあるでしょう。

第二に、羊は群れて周囲に合わせる特徴があります。岩の上を一匹目の羊がジャンプすると、二匹目から同じように跳び、やがて、その岩を取り除いても、相変わらず前にならえで、同じ場所で跳んでいるあの光景です。私たちも、周りを気にし、皆と同じであるかどうかを基準として、安心しようとする傾向があると思います。

第三は迷える羊のたとえ話にあります。羊は動物としてはめずらしく方向感覚が乏しく、ネコなどのように遠くに捨て置かれても、やがて戻ってくるという本能と逆に、目先の草を食べ進み、気がついたら引き返せない事態に直面します。方向が東か西か、あるいは谷間に向かうのか等、大所高所に立った見方が欠如している点は、思い当たる節があります。日々の生活では機転をきかせ、やりくりするものの、そのような生活の果てにどこに向かうのかが、抜けている場合がないでしょうか。

聖書は、羊に足が速くなれとか、ライオンのような猛獣になれと命じているわけではありません。大切なのは、羊をこよなく愛し、いのちを張って夜番をし、猛獣に襲われるようなことがあったら、迷うことなく戦い守り抜く羊飼いなるお方がおられることを、物語っています。神は羊飼いのように、臆病で繊細な私たち人間を見守り、傍らに寄り添い、慈しんでおられる、と。「恐れるな。わたしがあなたとともにいる」（イザヤ書四三章五章）との語りかけに、耳を傾けませんか。

祝福の道の選択

手がきよく、心がきよらかな者、そのたましいをむなしいことに向けず、欺き誓わなかった人。その人は主から祝福を受け、その救いの神から義を受ける。

詩篇24篇4～5節

目の前に百通りの道があったとしても、だれしも一本の道しか歩めません。大切な人生のその道をどこに見定めるかは重要です。聖書はきよい道が、その選択の際の一つの基準だと諭しています。その道の先にこそ、大きな祝福が用意されているからです。ややもすると、損得勘定で目先の利益に流されてしまいそうになります。けれどもその誘惑を断ち切って、長い目で見た人生の選択をするようにとの促しです。

大きな祝福の本流につながる、小さな一歩が肝心です。「蛇の道は蛇」ではないですが、目先の利益に目がくらみ人生を狂わせたり、二度と戻ることができない道に踏み入ってしまった話も耳にします。

ある人は、若いころ学校に行かず、夜の街に繰り出しては恐喝などを繰り返す生活をしていたそうです。ところがある日、そんな人生に嫌気が差し、リストカットで自らいのちを断とうとしたその時、天からの声を聞いたというのです。「もうその辺でいいだろう」と。どうやらそれは、神からの語りかけではなかったかと回想していました。とにかく、すんでのところで自殺を思いとどまった彼は涙がとまらず、一人その場で神に祈ったということでした。その後の彼の人生は急転直下、大きく変化し、今は何と牧師になりました。

聖書の中にザアカイという名の、イエスの時代の税金取り（取税人）が登場します。当時の取税人は現在の税務署の人とは違い、悪行の限りを尽くしていました。ローマ帝国の権力をバックに、庶民から不当な税を巻き上げ、私腹を肥やしました。ですから、当時の人々はザアカイのような人を、成金で、人の道を外れたことをしていると軽蔑をもって見、つき合いもしませんでした。

そんな寂しさと劣等感から金で人を見返してやろうと

して、その道を猛進したのでしょうか。そこで、当時脚光を浴びていたイエスに一目会いたいと思ったのでしょう。彼は木の上に登り、イエスを待ちました。すると、何とイエスはザアカイの真下で立ち止まり、彼を見上げ、「ザアカイ。急いで降りて来なさい。きょうは、あなたの家に泊まることにしてあるから」（ルカの福音書一九章五節）と呼びかけたのです。人目もはばからず、友となってくれたイエスに会い、感激のザアカイは、その晩、家で大盤振る舞いをし、心のありようも一変しました。とにかくうれしくて、その後、貧しい人々に財産を分け与え、不当に取り立てたものは四倍にして返金し始めたのです。

きよい道のりの向こうに、新しい生活が用意されています。

水辺のほとりにある祝福

主に信頼し、主を頼みとする者に祝福があるように。
その人は、水のほとりに植わった木のように、流れのほとりに根を伸ばし、暑さが来ても暑さを知らず、葉は茂って、日照りの年にも心配なく、いつまでも実をみのらせる。

エレミヤ書17章7～8節

聖書の舞台となった世界は、日本とは違い、一年が雨期と乾期に分かれる、いわば白黒のはっきりとした中東の自然を背景にしています。わが国には四季があり、一年を通じ緑を目にし、水に恵まれた繊細な風土です。自然の中で人が育まれ、文化が織り成されていくように、聖書は中東の厳しい自然をバックに、人の一生を物語ってきました。

今回の箇所は、焼けるような荒野を背景に、水辺で生息する植物の幸いを描いています。気温は四十～五十度にまで上昇、炎熱照りつける中では、人も強制的に体内に水分を取り込まないと頭痛になったり、気がつくと熱射病になっていたりします。乾期には雨は降らず、アカシヤのような夜露などで乾燥をしのげる植物が点在する、荒涼たる景色が広がっています。

けれども、そんな世界に水をたたえるオアシスがあります。まるで、砂漠の中のパラダイスです。周りには草が生え、木々が青々と葉を茂らせ、さまざまな実をならせています。虫や鳥がさえずり、水辺には鹿たちが横たわっています。

私たちの人生における神との出会いもそれと似ています。空から荒野の中の川やオアシスを眺めると、水のほとりのみが緑で、そこではいのちの世界が育まれていきます。ですから、水のほとりに植えられた木はどれほど幸せでしょう。木や花が優れているのではありません。どこで生きるのかが決定的だということです。だれのそばで一緒に歩むのか、です。

日本語で、人間を「人の間」と書きますが、私たちもだれかと喜びや悲しみをともにして、生きていることを実感します。聖書の言葉に、「三つ撚《よ》りの糸は簡単には切れない」（伝道者の書四章一二節）との一節があります。

家族や友人との関係の中で、一人ひとりは弱くとも、しっかりと肩を寄せ合い、固く結ばれて生きる時に、大きな試練に出会っても負けない強さを発揮します。糸は一本よりも二本、二本より三本で撚り合わせる時、本当の強さを発揮します。

夫婦の間に神を意識し、友人との関係にも神の助けをいただきながら、自分の力を越えた人生の試練に出会うごとに、不思議な力を体験し、水辺のほとりにある幸いを味わいましょう。

祝福は心の中のリセットから

そしてイエスは、群衆に命じて草の上
にすわらせ、五つのパンと二匹の魚を
取り、天を見上げて、それらを祝福し、
パンを裂いてそれを弟子たちに与えら
れたので、弟子たちは群衆に配った。

マタイの福音書14章19節

イエス伝で、ここは「五千人のパンの給食」として有名です。今からさかのぼること約二千年前、広い場所に大勢の人がイエスの話を聞きに集まりました。イエスは当時、時の人、注目の救い主でした。ところがある日、人々があまりに熱心に話に耳を傾けるうちに日は暮れ、空腹を覚える時間帯となりました。群集は五千人。イエスを取り巻く弟子たちは食事の心配をし、それぞれ帰途につかせ、めいめいで食事をとらせるよう、集会の解散を提案したのです。

当時は男性しか数えなかったので、女性や子どもたちを含めたら、一体どれほどの人数だったでしょう。弟子たちの考えは至極常識的で、ここは田舎、これほどの人々に食事を出す店もなければ金もない。唯一残された選択肢は、解散でした。各自の責任で食事をとるようにとの提案だったのです。

ところがこの時イエスは、「それでは今あるものは何か」と問うたのです。そこにあったのは、少年のお弁当で、パンが五つと魚二匹でした。ところがイエスは、それを嘆きの材料にせずに、天を見上げて祝福したのです。

ここは大切です。目の前に立ちはだかる現実の前で、これしか手元にないと嘆くのではなく、どんな時も、天を見上げ、感謝するところから始める。そんな前向き、天を仰ぐ心の姿勢は、必ずや新たな祝福の呼び水となります。

この後、有名な聖書のパンの奇跡の記録が続きます。ないものを数えてがっかりしない。あるものから始めて、感動する。このように、天の祝福を呼び込んで、一歩踏み出そうとする生き方は魅力的です。絶望や落胆から始めない。スタート地点はあくまで、感謝と喜び。そう心をセットした瞬間から、奇跡は始まります。

ヨーロッパの古い教会の壁画などに描かれた、この時の情景。今なお語り継がれる祝福のステップは、とにかく足元からです。棚ぼた式にどこかからやってくるのを待つのではなく、私たちの心の内のリセットから。直面する障壁を前に、尻込みせず、上を見上げ、一歩踏み出す。天は必ず開かれ、地上の道は開ける。聖書の当時の物語同様、神の思いもかけない方法を体験するでしょう。

幼子の心を取り戻して

そしてイエスは子どもたちを抱き、彼らの上に手を置いて祝福された。

マルコの福音書10章16節

世界中ほとんどのキリスト教会に、子どもを対象にした集まりがあります。アメリカなどのキリスト教国では、教会が小、中、高の学校を抱えているところもあります。日本でも教会立幼稚園や、ミッションスクールが数多くあります。また、ほとんどの教会では、教会学校とか日曜学校と呼ばれる、週一回の子どもたちの集いが持たれています。幼い頃、親や友達に誘われて、教会学校に通った日々が懐かしくて、後の日に再び教会の門をたたく方もおられます。幼な心に祈りをささげ、賛美歌を歌った日々が、三つ子の魂百までとなって、ほのかに心の一ページを飾っているのです。

日本はキリスト教国ではありませんが、聖書に根ざした子どもたちへの教育と人生観の提供は大切で、その趣旨で始められたのがミッションスクールです。そういえば、「孤児の父」と呼ばれている石井十次も、かつて志した医学の道を断念し、神の導きを感じ岡山に孤児院を創設、一生を孤児のためにささげるよう導かれました。

なぜ、聖書は子どもたちへのアプローチを促すのでしょうか。右記の聖書箇所に目をとめると、そもそもイエスは子どもを招き、抱きかかえ、手を置いて祝福していることがわかります。実は当時、多くの親がイエスのもとに子どもの祝福を願い、連れてきたのですが、弟子たちは「ここは子どもたちの来る場所ではない」と追い返していたのです。そして、イエスに厳しく叱責されています。

大人のように、自分で稼ぐこともできないから、あるいは一人前ではないからと言わず、逆にまっさらな子どもの心を取り戻すよう諭されています。魂に秘められた無限の可能性、素直に受けとめ、信じるやわらかい心にイエスは目をとめ、そこが祝福の源だと教えたのです。

神に愛されている一人ひとりに目をとめ、イエスの目線をもって尊重する。心のありように着目し、幼子の頃の素直さを取り戻す。権謀術数がめぐらされる世の中で、ややもすると心がすさみ、疑心暗鬼になりそうな私たちに、子どもたちが、大切なメッセージを発信しているのです。

最後の晩餐スピリット

みなが食事をしているとき、イエスは
パンを取り、祝福して後、これを裂き、
彼らに与えて言われた。「取りなさい。
これはわたしのからだです。」

マルコの福音書14章22節

欧米に旅行し、教会を訪ねると、しばしばぶどう酒とパンが配られる聖餐《せいさん》式と呼ばれるキリスト教の儀式に遭遇します。日本人にはなじみが薄いのですが、実はイタリアの修道院の食堂に描かれた、かの有名なレオナルド・ダ・ヴィンチの壁画「最後の晩餐《ばんさん》」は、その光景を描いています。

そのはじまりは、イエスが十字架にかかる前夜、弟子たちと最後の夕食をとった際に、特別な晩餐として自らパンを裂き、弟子たちに分け、ぶどう酒を回し飲みしたことが発端です。本来、一つのパンを裂き、一つのぶどう酒の杯を回し飲みするところですが、今は衛生上の問題もあって、はじめから小分けにしたものを配ることが多いようです。

ただ、その意味するところは、普遍です。イエスが自ら十字架につき、いのちを与えること。そこで、私たちの罪の身代わりに血を流し、肉体を裂かれることを表します。当時はそのことを、あらかじめ諭そうとして行われた特別の夕食の席でした。個性の強い弟子たちは、幾度もプライドを前面に出して、いがみ合いましたが、ここで、一つのいのちにあずかる兄弟なのだということを、深く教えようとしたのです。この精神を最もよく表す、麗しい会食の光景は、以後約二千年間、世界中の教会で聖餐式として執り行われてきました。

聖書に「見よ。兄弟たちが一つになって共に住むことは、なんという しあわせ、なんという楽しさであろう」(詩篇一三三篇一節)と記されています。親がわが子に手をかけたり、子が親を殺《あや》めたりというニュースがしばしば聞こえてくる時代です。一触即発のどの場面にも、最後の晩餐の精神が必要ではないでしょうか。イエス・キリストの十字架におけるゆるしの精神。互いを尊び、受け入れ合う世界が。

喧騒に満ちたこの世に飛び込み、自らのいのちを与えて残されたイエスのメッセージ。そのいのちがけの恵みにあずかった一人として、新たなる隣人愛実践のモデル、発露となりたいものです。どうか、最後の晩餐の光景とスピリットが、世界中くまなく、津々浦々の家庭や地域、民族に広がりゆきますように。

マリヤの覚悟

あなたは女の中の祝福された方。あなたの胎の実も祝福されています。

ルカの福音書1章42節

私はカトリックではないので、イエスの母となったマリヤを特別視することはありません。けれども、彼女が尊敬に値するイエスの母であり、神に選ばれた女性であったことは疑いません。マリヤは決して裕福な女性ではありません。イスラエル北部の寒村に住む、特段注目を浴びることもない女性でした。

しかし、神はそんな彼女をイエスの母として選ばれました。今回取り上げた聖書の記録は、処女として知られている彼女が、大工であったいいなずけのヨセフがいたにもかかわらず、突如天使が現れ、「あなたに救い主が宿る」と告げられた場面です。

思いもしない出来事でした。当初彼女は何のことかわからずに、ただ驚き、たじろぐばかりでした。けれども彼女の注目に値する点は、程なく腹を据え、「もしもこれが私の道であるならば、そのとおりになりますように」と、正面から受けとめ、応答したところにあります。

恐れるのは当然です。大体彼女は婚約中で、夫となるヨセフに妊娠が知られたらどうなるでしょう。裏切られたとみなされて、失望を与え、破談することは明らかです。加えて、当時の厳しいモラルからして、世間の人の目はどれほどでしょう。もしかしたら、田舎のことゆえ、彼女に生きていく場所は見あたらないかもしれません。にもかかわらず、彼女は大きな心で天使のお告げを受けとめ、目の前に迫り来る恐れや不安に身をゆだねないで、その先に用意されている祝福の約束に向かって一歩踏み出したのです。

「苦しみの向こうに祝福がある」――そう信じて、前に進む。マリヤに対する天使のお告げは、祝福への招待でした。ただ、その時は、目の前が真っ暗になったのです。

「恐れないで、ただ信じていなさい」（マルコの福音書五章三六節）とは、わが子のことで不安のただ中にあった女性への、イエスのチャレンジに満ちたひとことです。自らの小ささや恐れ、人からの評価や、最悪の事態の予測に負けることなく、進みましょう。小さな者を高く掲げてくださる神を信じるのです。

跳んでみないとわからない世界、跳んではじめてわかる世界があります。そしてそこで、人は往々にして神に出会うのです。救い主をわが身に宿す母として選ばれたマリヤには、金や身分、人生経験はなくても、ただ思い切った覚悟をもって、神の語りかけに応答する心があったのです。

さて、あなたも大いなる神の祝福にあずかるために、どのような覚悟が必要でしょうか。

憎しみを越えて

あなたの敵を愛しなさい。あなたを憎む者に善を行いなさい。あなたをのろう者を祝福しなさい。あなたを侮辱する者のために祈りなさい。

ルカの福音書6章27〜28節

イエスが生きた時代の後、ローマ帝国下に誕生した初代キリスト教会は瞬く間に広がりを見せ、帝国がひいた軍用道路に乗り、ほどなく海峡を越えヨーロッパにまで渡りました。同時に、当初帝国はキリスト教拡大に懸念を示し、やがて信じられない迫害の嵐を吹かせます。にもかかわらず、歴史の舞台に産声を上げた初代教会は急速な広がりを見せ、庶民から高官に至るまで、その裾野を広げていくのです。

ついにローマは、帝国そのものが紀元三一三年のミラノの勅令をもってキリスト教化されたと言われますが、国の宗教となったローマ・カトリック教会は、現イスタンブール、当時のコンスタンチノープルを中心とする、ギリシャ正教会と共に知られています。

ところで、当時ローマ皇帝コンスタンチヌス自らがキリスト教徒になったこともさることながら、迫害が激しくなればなるほど、多くの人々がキリストの教えに向かい、道を見い出し、入信したのは不思議です。実はその理由の一つが、今回取り上げたイエスの教えにありました。すなわち、かの有名な「汝《なんじ》の敵を愛せよ」です。イエスの弟子であったペテロは後に、イエスの教えを適用し「しもべたちよ。尊敬の心を込めて……横暴な主人に対しても従いなさい」（ペテロの手紙第一 二章一八節）とすすめています。自分に悪いことをする相手に向かって、呪うとすればめずらしくありません。しかし逆に、その敵をも包み、恨みを乗り越え祝福することがあるとすれば、当時も今もめずらしい光景と言えるでしょう。

実は当時の帝国下には、権力や金品にあぐらをかいて、堕落の一途をたどる、豊かな社会の腐敗した一面がありました。そんな中、全く別の価値観に生き、見えないものを大切にして生活する彼らに、多くの人々が心ひかれたのです。下々の奴隷たちから始まって、やがてローマの高官にいたるまで、その波は草の根のように広がりました。

憎しみに支配されず、恨み言を乗り越え、のろいの呪縛から解放されて前に進む道があります。悪をもって悪に報いず、張り詰めた復讐心を十字架で溶かし、ゆるしと愛で包み込む世界が。

かつて凶弾に倒れたマルチン・ルーサー・キング牧師は、人種差別撤廃運動に身を投じましたが、存命時「人生には二通りの道がある。一つは自分のために生きる道。もう一つは隣人のため自分をささげる道」と語っていたそうです。内向きで終わる人生から、窓を開け外気を思い切り吸い込むように、イエスの声を聞き、招きに応じて、彼の心をもって一歩違った世界に繰り出してみませんか。

グッドニュース

聖書は、神が異邦人をその信仰によって義と認めてくださることを、前から知っていたので、アブラハムに対し、「あなたによってすべての国民が祝福される」と前もって福音を告げたのです。

ガラテヤ人への手紙3章8節

小さな流れは、やがて大河へと続きます。それは気がつくと、しばしば大きな流れの源となっています。

聖書は本来、旧約聖書に出てくるユダヤ民族のささやかな始まりからスタートします。けれどもそれがやがて、国家の形成に至り、その国に登場するイエスを起点に、アフリカからヨーロッパ、全世界へと瞬く間に広がりを見せ、大きな奔流となりました。そのスピードは、あたかもそこに歴史の舞台が設定されたかのように、事前のローマ帝国の登場、州立制による世界の統治と軍用道路のインフラ整備、そこにラテン語やギリシャ語の共通言語が定められ、まさに電撃的に広がりました。

今回取り上げた箇所に登場する「異邦人」という言葉は、もともと聖書に記された民族以外の人々を指しましたが、振り返ると、もとより聖書は、世界中の人々に届くよう、全異邦人向けに、門戸が開かれる時を待ちわびていたと解説することもできます。聖書につづられた、このよき知らせは必ずすべての人々に届くのだという、神の強い意志が歴史に貫かれているように感じられるのです。（新約聖書には四人の弟子たちが記録したイエス伝があり、これは世界の人に届けるべきグッドニュース「福音書」と呼ばれています。）

世界中のすべての民族に聖書の祝福が届くという歴史の流れは、実は聖書が昔から宣言している神のプランでした。後世、全世界の信仰の父となる旧約聖書のアブラハムの人生も、いろいろな意味で、後々世界に波及する聖書の方向性をあらかじめ示しています。彼は決して完全無欠の人間ではありませんでした。それどころか自分の妻サラを、自分の安全のため妹だと一度ならず嘘をつくような場面も、聖書は隠さず記しています。とんでもない顛末《てんまつ》になるぎりぎりのところで、神が待ったをかけた失敗談です。あやうく奥さんが他人の妻になるところだったのです。自分さえよければいいのか、自分の身が守られればそれでいいのか、自己中心のきわみといえましょう。

彼はどれほど自己嫌悪に陥ったでしょう。人々の前で大恥もかきました。そんな罪人をどうして神はゆるし、認め、全世界の父として祝福したのでしょう。完璧だからではありません。つまずいてもいい、何度でも失敗から立ち上がり、仕切り直しをしてやり直せるからです。天を仰げばそこに希望はあるのです。罪を悔い改め、その中に居直ることをせず、何度もリセットし、再チャレンジする。自分はだめでも、神はいつでも大丈夫です。情けない自分を救うことができる神を固く信じる。そこが、アブラハムが神に受け入れられ、私たちの手本となり、祝福の初穂と宣言されたゆえんです。

自分にがっかりしても、決して終わりではありません。神は変わりなく、そんな私たちを見守り、駆け寄り、新たな力をいつでも授けてくださいます。私たちのささやかな歩みのそば近くに、すべてを承知している方がおられるとは、何と心強い知らせでしょう。

目からうろこの祝福

私たちの主イエス・キリストの父なる神がほめたたえられますように。神はキリストにあって、天にあるすべての霊的祝福をもって私たちを祝福してくださいました。

エペソ人への手紙1章3節

何をもって幸いと言うか、何を祝福と見るかは大事なポイントです。今回取り上げた聖書の言葉は、目に見えない祝福について示唆を与えています。旧約聖書に、「一切れのかわいたパンがあって、平和であるのは、ごちそうと争いに満ちた家にまさる」（箴言一七章一節）と書かれていますが、イエスも新約聖書の山上の説教において、「心の貧しい者は幸いです」との第一声を発せられました。旧約から新約まで、いずれも共通して、目に映る幸いに囲まれながら、目には見えない究極の価値を決して見失うことのないようにと教えています。「いつまでも残るものは信仰と希望と愛」（コリント人への手紙第一一三章一三節）の聖書の言葉を建学の精神にしたミッションスクールがありますが、信仰、希望、愛のいずれもが、目には見えない最も大切なものです。

確かに、財に囲まれても殺伐とした食卓もあれば、貧しくても思いやりにあふれた家庭もあります。今満たされていないのは、やがて神からの満たしを一杯に体験する未来に向かっての器作りと見えなくもないでしょう。あれやこれやと呼び込んで、自分の周りを幾多のもので取り囲む前に、持てるものを取り去られても、揺るぐことのない内なるものを持つことが、真の幸いに至る道ではないでしょうか。

目に見えるものに囲まれすぎると、いつしかそれらに頼り、心と目が奪われがちになります。かえって、ひょんなことからそれらが取り去られたりすると、身軽になって心に解放感を感じたり、行き詰っていたことに対し、新たな視点が生じ、光明を見出したりすることもあります。そこがしばしば、思いもかけずに到来する人生のターニングポイントとなるのです。

聖書に、「苦しみに会ったことは、私にとってしあわせでした。私はそれであなたのおきてを学びました」（詩篇一一九篇七一節）との、不思議な表現があります。どうして苦しみに会ってしあわせなのでしょう。それは、苦しみの中で神に出会い、しばしば多くの慰めやいつくしみを体験することができるからです。試練にあわなかったら、おそらくは悟ることがなかったであろう聖書の教えに心の目が開かれ、人生に新たな風が吹き始めます。心のシフトによって見えてくる、もう一つ別の世界。失った後、得ることのできる大きな世界。空っぽになったコップ一杯に、新鮮な水が注がれるのと似ています。

ところで、「目からうろこ」は私たちが日常よく使う言葉ですが、もともとパウロという有名なキリスト教伝道者の、人生のターニングポイントを指す聖書の言葉であることを、知っている人はまれです。彼はかつてユダヤの国の超エリートコースを歩む未来の国会議員でした。

しかし、外見は人のうらやむ地位にあっても、心の中は憎悪と殺意に満ちた、キリスト教迫害者でした。その狂気の様子は国境を越え、女性や子どもまで縛り上げては投獄する程でした。

けれども、パウロがシリヤのダマスコに向かう途上、突然天から光が照らし、イエスの声を聞きました。「あなたの人生は本当にそれでいいか。心は満たされているか。憎しみをかき立てて、本当はむなしいのではないか」。そんなささやきの声に、彼は三日間目が見えなくなり、静かに自分の歩んできたこれまでの道のりを振り返ります。そして、むなしい人生に終止符を打ち、新たな一歩を踏み出します。その時の様子を聖書は、「目からうろこのような物が落ち」（使徒の働き九章一八節）たと、記しています。イエスが今も生きており、そして自分の人生に介入しておられる。そんな衝撃がパウロの人生に走り、彼は劇的に変化します。今日なお同じイエスが、私たちの心の扉をノックし、「目からうろこ」の経験を体験させようとしているのです。

おわりに

わが家の子どもたちがまだ小さかった頃、幼稚園の運動会のリハーサルによく出かけました。カメラやビデオを持参し、夫婦そろって応援に行ったのですが、子どもは、親が見に来ていることに気づくと、入場行進で右手と右足が同時に出るようになりました。一挙手一投足に視線を注がれると、そのまなざしを意識して、子どもの動きはこんなにも変化するのかと、思わず吹き出しそうになったことを覚えています。

おそらく、それはどこの家庭でも同じで、運動会や学習発表会などで、親御さんが記録した写真やビデオには、愛するわが子がしっかりと収められているに違いありません。それは、運動会で優秀な成績をとったかとか、学習発表会で主役であったかなど、全く関係のないことです。

聖書の中に、「あなたを形造った方、主はこう仰せられる。『わたしの目には、あなたは高価で尊い。わたしはあなたを愛している』」（イザヤ書四三章一、四節）との語りかけがあります。ほかでもない父なる神が、私たちを子どもとして見つめ、一人ひとりに呼びかけているのです。

以前、テレビ番組で、韓国で作られたゴスペルソング が流れていました。「君は愛されるため生まれた。君の生涯は愛で満ちている」との歌詞ですが、そこには先の聖書の語りかけと同じ、神からの祝福のメッセージが込められています。人は、これらの語りかけを浴びるほど聞き、自分が愛され、祝福されていることを知ったとき、瑞々しい気持ちで自らの人生を歩いていけると思うのです。

わが家には、孫が時おり里帰りをするのですが、彼はまだこの地上でたった二年しか生きていないにもかかわらず、一生懸命遊んでその成果を披露すると、少々大げさに褒めてもらい、まんざらでもないような顔を見せます。そして、再び生き生きと、一層の思い入れをもって、嬉しそうに遊びの世界に繰り出していくのです。

私たちも、それぞれの背後に立ち、私たちを祝福しておられる神の存在に気づき、人生の大きな追い風と力を得ようではありませんか。親が世界で最もかわいいわが子にまなざしを向け、期待するように、天におられる私たちの父は、一人ひとりに熱いエールを送っておられます。

どうかこの本を手にされた皆様が、この本を閉じられた後も、父なる神のあたたかなまなざしと祝福を、実感することができますように。

祝福をお祈りいたします。

佐藤　彰

二〇一〇年七月

佐藤彰
さとう・あきら

福島第一聖書バプテスト教会牧師。
著書に『まるかじり創世記 祝福は苦しみの向こうに』『教会員こころえ帖』『マルコの福音書で学ぶ信仰生活入門』『こころのビタミンA』『子どもの成長と救いのために』『教会形成の喜び』（全ていのちのことば社刊）等がある。

新装版
あなたに祝福がありますように
God Bless You

2010年8月20日発行
2011年3月20日新装版発行
2019年11月15日新装版6刷

著者　佐藤彰

発行　いのちのことば社フォレストブックス
164-0001
東京都中野区中野2-1-5
編集　Tel.03-5341-6924
Fax. 03-5341-6932
営業　Tel.03-5341-6920
Fax. 03-5341-6921

印刷・製本　シナノ印刷株式会社

ISBN 978-4-264-02928-1 C0016